우리집 나리

우리집 나리

2025년 10월 26일 초판 1쇄 인쇄 발행

지은이	유미애
펴낸이	박종래
펴낸곳	도서출판 명성서림

등록번호	301-2014-013
주소	04625 서울시 중구 필동로 6 (2, 3층)
대표전화	02)2277-2800
팩스	02)2277-8945
이메일	msprint8944@naver.com

값 13,000원
ISBN 979-11-7439-050-9

본 책의 구성 및 맞춤법, 띄어쓰기는 작가의 의도에 따랐습니다.
이 책의 저작권은 저자와 도서출판 명성서림에 있습니다. 무단 전재 및 복제를 금합니다.
이 책 내용의 일부 또는 전부를 재사용하려면 반드시 저자와 도서출판 명성서림의 동의를 얻어야 합니다.
파본은 구입처에서 바꾸어 드립니다.

본 도서는 한국예술인복지재단의 지원을 받아 제작되었습니다.

유미애 시집

우리집 나리

머리말

시집을 출간하며

    결실의 계절 가을입니다. 지난여름은 폭우와 긴 무더위로 모든 사람을 지치게 했습니다. 저는 1989년 '보람국어논술스피치학원' 교육 사업을 시작하여 36년간, 학생들 글쓰기 지도를 하였습니다. 지난봄 한국예술인복지재단 예술활동준비금 지원을 받아서, 학생들 지도를 하며 시집을 출간하게 되었습니다.

    20대 초반 대학과 대학원에서 국문학을 전공하고, 교육 특구 노원구에서 교육 사업을 시작하여, 전국 스피치 대회에서 장관상, 서울시장상, 국회의원상 등을 받도록 지도했고, 전국 백일장에서 많은 학생들을 좋은 성적으로 당선시켰습니다. 그리고 대학 입시를 지도한 결과 유능한 대학에 많이 입학했습니다.

    그동안 수많은 제자들을 길러냈고 학교를 졸업한 후, 직장에 나가서도 고맙다고 찾아오는 사람도 있어서 보람을 느낍니다. 지난 세월을 뒤돌아보면, 노원구청 관할 지역에 재능봉사도 많이 했고, 물질적인 지원도 많이 하며 정치적인 꿈도 꾸었지만 교육 사업에 몰두했습니다.

  15여 년 전부터는 노원구청 지원으로 '스피치 마을학교'와 '한자 마을학교'를 설립하여 학생들을 지도하였고, 류시호 교수와 구청지원 사업으로 '비둘기 창작사랑방'을 설립하여 성인 글쓰기(시각장애인 포함) 지도를 11기까지 배출했습니다. 특히 노원 시각장애인복지관에서 장애인 지도를 해서 칭찬을 많이 받았습니다. 앞으로도 글쓰기와 스피치 지도를 하며 훌륭한 제자를 길러내겠습니다.

2025년 가을 보람국어논술스피치학원에서
시인 **유미애**

차례

•	머리말	04

1부 — 유미애 시

빨간 벽돌 우리집	12
아픔	13
진실	14
병원	15
시댁	16
나의 닭	17
새 한 마리	18
세월의 손짓	19
봄이 오는 소리	20
봄비 오는 날	22
아지랑이	24
비둘기 창작 사랑방	25
우리집 나리	26

2부 — 학생부 시

물티슈	28
핸드폰	29
바다	30
하기 싫은 공부	31
무더위	32
목표	33
책	34
감자	35
여름	36
곰	37
봄	38
인형	39
팥빙수	40
다람쥐	41
공룡	42
비 오는 날	43
비	44
토끼	45
눈	46
봄	47
나는 오늘 그대가 그립다	48
귀여운 동규	49
새우깡	50
공부	51

가방	52
마음	53
색연필	54
아. 소재 없어!	55
여름방학	56
겨울	57
청원중학생	58
용기의손	59
졸업사진	60
층간소음	61
비	62
시험	63
비타민	64
사랑	65
겨울	66
여행	68
할머니	69
가족 여행	70
여름밤	71
새학기 학교	72
눈	73
선인장	74
독도	75
가을	76
노트	77

라디오	78
1년을 마무리 하며	79
언니 예쁘다	80
횡성과 속초 그리고 고성	81
파일럿	82
기장	83
아이스크림	84
필통 친구들	85
스위치	86
노래	87
해님	88
눈	89
에버랜드	90
체육시간	91
공	92

3부 — 일반부

오늘 나의 하루	94
사랑꽃	96
나비	97
비눗방울 놀이	98
밤하늘의 위로	99
내 삶의 이정표	100
청국장	109

눈雪	110
엄마의 여울	111
새싹	112
철, 철, 철	113
아름다워라	116
우리집 거울은	117
유일한 친구	118
아픈별 지구	119
결혼	120
기다림 끝에 너	122
처음의 마음으로	124
값진 노후	126
밥솥	128
봄이야	130
자운이를 생각하며	131
눈과 동심	132
잠들 시간	133
바라만 봐도 좋은 그대	134

1부
유미애 시

빨간 벽돌 우리집

머 -언 언덕지나
굴곡은 아스팔트 콘크리트
어찌보면 성장기가 늦었다

모래알은 시궁창이로 암석이 되고
맥반석 돌은 비석이 되었다

고인돌 묻혀 아무리 불러도
소리없는 흔적은 소용이 없구나

부엉이 뻐꾹새
두꺼비 놀이터
달빛사냥 한다고
우리집 터를 휘몰아 감고
진돗개 풍산개 앞 마당으로
축제 사냥 온답니다.

❚ 지필문학 통권 제67호(2023.11.20.)발표

아픔

주사바늘이 다가올 때
두근거리는 심장박동
폭탄 울림 소리

휴~
두려움은 깊숙이 숨어버린채
휘둥거리었던 눈매는
씨앗이 되었다

간절함에 슬프고
애닮다, 말하지 마라

아픔!
희망이요
기쁨이요
살아있다 푯말이니
그저 고맙다.

‖ 지필문학 통권 제67호(2023.11.20.)발표

진실

사실이 무어냐고 묻는다
없다

내가 네가 되고 싶지만
아니다

구름과 해님은
만나기를 약속하지만
비껴 간다

썩은 오동나무 아래
보석을 찾고자 하지만
허무만 남는다.

┃문학의봄 통권 제69호(2023.12.01.)발표

병원

아우성 거리는 호소에
잠들다 지쳐버린 죽음

먼 길 오가며
종지부를 찍었던 돌담길이
아스라이 지쳐서 잠들었다

오늘과 내일은 모레를 기다리지만
홀로 나룻배를 저어야 한다

만나야 할 곳
묻어야만 하는
전쟁터는 폐허가 되어
잔디밭에서 뒹굴어 버렸다.

‖ 문학의봄 통권 제69호(2023.12.01.)발표

시댁

가마우찌 인생
악독한 처분
보금자리는 어둠속으로

숨쉬면
캄캄한 목줄기 조여오고
매일아침 살아남는 일이
검은 가로등으로만 변한다

쓰리고 아려서
편할 날 없는
갈비뼈 인생 독하다.

‖ 지필문학 통권 제68호(2024.02.29.)발표

나의 닭

밤이고 낮이고
뒤뜰에서 나만 기다린다
하루에 지쳐서 울고
슬플 때 기쁜 아우성으로
소리친다

잘 살아
대단해
버킷리스트의 약속
강해야 한다

여러 마리 중
왕초는
우리집 지킴이다.

‖ 지필문학 통권 제68호(2024.02.29.)발표

새 한 마리

쥐 쫀드기에
먹이 뺏으러
어제도 오늘도 앉았다가
깃털만 잡히고 만다

맛있는 냄새로
유혹을 당해
꿀 쫀드기에
다리, 몸, 날개가 붙어
사경을 헤맨다

지쳐 쓰러져 악몽을 꿀 때
우리집 주인은
은혜를 갚으라 손을 내민다.

‖ 지필문학 통권 제68호(2024.02.29.)발표

세월의 손짓

앞이 무서워서 손짓하고 있을 때
그 누구도 다가오지 않았다
마음의 정리는 나와의
에너지의 힘으로 망고나무가 되었다

한 눈에 펼쳐보는 세상은
무성하고 인생의 나룻배를
혼자서 저어야 한다
사람들의 병풍을 함께 나누고
싶었지만 아니되었다

똑똑 누구세요?
대문을 두드려보았다
그 어느 누구도 앙상한
갈비뼈만 남게 해준다

내가 누구인지 환경을 오염시키는 사람
늑대인간들 인생의
결승점에서 죽음을 맞이한다.

봄이 오는 소리

밤새 봄비 내린 후
골짜기에 흐르는 물소리는
새봄의 목소리다
봄이 오는 소리에 귀 기울이면
아련히 밀려드는 꿈결 같은 미소
엄마 품 속 같은 따스함
가슴을 헤집는 찬바람도
봄 향기 소리에
한 발짝 물러섰다
엄마의 주름진 얼굴이랑에
아지랑이가 피어오르고
함박꽃 웃음엔 봄 향기가 묻어있네

햇살 밝은 날
꽃샘추위 앞에 서면
움츠리는 꽃눈들
살포시 눈을 뜨고
엄마 품속인 듯
불어드는 봄 향기 소리에
겨울의 발소리 저만치 멀어져가네

봄이 오는 소리
아가의 발소리 들리면
엄마의 주름진 얼굴이랑에도
봄이 피어오르고
함박꽃 웃음엔 봄 향기가 묻어있네

┃ 지필문학 통권 제18호(2013.3.20.)발표

봄비 오는 날

가슴 안까지 몰려와
숨을 고르는 피로
고개를 막 넘어선 하루 앞에서
방송국의 시그널 뮤직이 졸고 있고
창을 열면 저 멀리
봄비 맞은 불암산 자락이
낙조의 찬 내음을 맡으며
목쉰 연가를 외치고 서 있다

바람소리 앞에 서면
산등성 저편 고향 그리워
어느 날인가 돌아가리라는
눈 내리던 그날의 언약
실낱 같은 희망 가슴에 품고 살지만
뒤돌아서면 허탈한 웃음
봄비를 헤며 서 있다

재워도 잠들지 않는 피곤 속에서
어머니 팔베개 같은 향수에 젖어
날 부르는 종소리 들릴까 하여
먼 데 귀를 모으면
텅 빈 아파트 뜨락
바람만이 꽃잎을 몰아가는데
오늘도 누구를 위하여
저렇게 서 있어야 하는가.

‖ 지필문학 통권 제18호(2013.3.20.)발표

아지랑이

어느 해 봄날
자전거 타고
아지랑이 따라 달려 보았다

들꽃 꺾어 든 소녀와 마주쳤는데
봄 인사라도 나누고 싶었지만
쑥스러워 아무 말도 못했다

또 다시 봄은 왔는데
기억 속에 남아 있는
들꽃 든 소녀 우연히 만나고 싶다

아지랑이 되어
피어오르는 그리움 쫓아
자전거 타고 달려본다

∥ 지필문학 통권 제18호(2013.3.20.)발표

비둘기 창작 사랑방

아침에 눈을 뜨면
비둘기 창작사랑방 강의에서
문인들과 무슨 대화를 나눌까

강의장 들어서면
시와 수필 산문 시낭송
지도교수 강의에 행복한 웃음

이렇게 쌓은 순간들이
시와 수필 문학의 탑을 쌓아
창작사랑방 성城이 된다.

‖ 〈동인지〉 창작인의 문학노트(2020.12.01.)발표

우리집 나리

서로가 무섭고 두려움이 다가올 때나
마음을 보듬으면서
지켜주기만 할 때도
내가 네가 된다

멧돼지 노루 고라니 두더지 생쥐들도
와글거리며 달려가서 전신의 힘을 모아
우리집을 지킨다

동네마을터에서 발걸음이
수상하면 달빛 그림자로
기웃거리며 온 밤을
공전하며 탐사 작전을 한다

별들의 태양계처럼 하늘만큼 땅만큼
따뜻한 봄바람처럼 예쁜
꽃들로 태어난 개나리 고맙고 사랑한다.

2부
학생부 시

물티슈

서울문화고등학교 2학년 김수향

물티슈란. 지울수 있는 편리한 도구이다.
책상에 얼룩이 있으면 지울 수 있다.
하지만. 지우지 못하는 것도 있다.

물티슈란 지울 수 있는 편리한 도구이다.
손에 묻은. 잉크도 지울 수 있다.
하지만 지우지 못하는 것도 있다.

물티슈란. 지울 수 있는 편리한 도구이다.
내가 너에게 준 상처는 지울 수 없다
그러므로 난 나의 마음을 지울 수 없다.

핸드폰

상원중학교 3학년 김태민

현대 사회에는 항상 가지고 다니다
좋은 인연을 만둘어 주는 다리와 같고
속마음을 털어 놓거나
어떨때는 정보를 나누어주고
어떨때는 재미를 공유한다.

핸드폰은 항상 나와 같이 다니는 친구이다.
나 조차도 그 친구를 닮고 싶다.

바다

온곡초등학교 5학년 김수연

바다
촐삭 촐삭 파도
출렁출렁 파도

바다
튜브 타고
출렁출렁

바다
수영하면
첨벙첨벙

하기 싫은 공부

제일중학교 1학년 천승유

하기 싫다 공부
또 또 또 해도
끝이 않나는 공부

하고 싶지 않다.
왜 하냐 물으면
커서 필요 하단 말뿐

하기 싫다 공부
하지만 먼 미래
멋진 모습의 나를 생각하며
오늘도 하고 싶지 않은 공부
열심히 했다.

무더위

상계제일중학교 1학년 천승유

땀이 나는 더위
물이 온몸에 흐르는 더위 땀

심해지는 갈증 더위
심해지는 짜증남 더위

냉방병 잘 걸리는 더위
열사 병 잘 걸리는 더위

목표

온곡중학교 1학년 박유건

목표를 가진다는 것은 실은 어마어마한 일이다.
목표는 그의 과거와 현재와 미래를 바탕으로
만들어지기 때문이다.

목표를 가진 것은 현재이며,
노력을 해야 하는 것은 미래이며,
목표를 가지기 까지의 일은 과거이다.

한사람의 일생으로 만들어지기 때문이다.
목표는 가진 것이 없어도 이룰 수 있고
가진 것이 많아도 이룰 수 없을 수도 있다
목표는 노력과 다짐이 중요하기 때문이다.

책

온곡중학교 1학년 박유건

책, 그 어떤 것보다 똑똑한 천재
국어, 수학, 영어, 역사, 과학, 한자
아주 많은 과목을 우습다는 듯 알고 있는 책.

너도 나도 책에 느끼는 감정이 다른 책
그중 다른 미술책은
같은 내용, 다른 생각, 신기한 책.
책 읽으면 그림을 보듯 암기되는 책
머릿속에 복사가 되는 미술책이 나는 제일 좋다
복사 되듯
술술 외워지는 미술 지식이 향상 되는 책

감자

온곡초등학교 4학년 한원준

감자는 밭에서 자란다.
감자로 음식을 만들 수 있다.
감자를 먹으면 맛있다.

감자 해슈브라운을 만들 수 있다.
감자를 웃깨면 맛있다.
감자를 먹는다.

기름에 튀긴 포테이토에 케컵은
아주 아주 바싹하고 새콤 달콤하다.

여름

온곡초등학교 4학년 한원준

여름은 덥다.
여름은 맛있는 음식이 많다.
여름은 물놀이가 제미 있다.

여름은 짜증이 난다.
왜냐하면 너무 덥다.
하지만 여름은 재미 있다.

여름은 장 단잠이 있다.
나는 여름이 싫다.
하지만 좋을때도 있다.

여름에는 에어컨이 필수!!
여름은 아이스크림도 필수!!
올 여름도 재미있게 보낼거다.

곰

온곡초등학교 5학년 김수연

곰은
아가곰도 있고,
곰은 큰곰도 있고,

곰은
북극곰도 있고,
고은 불곰도 있고,

곰은 여러 가지의
종류가 있다
곰은 곰인형처럼 귀엽다.

봄

온곡초등학교 김수연

훨훨 날아가는 나비
봄 나들이 왔나봐요.

나무에는 노오란 개나리
벚꽃에 활짝 올랐데요.

우리 가족과
즐거운 캠핑 왔어요.

인형

온곡초등학교 5학년 이연서

내동생이 좋아하는 인형
인형은 말랑말랑 하다.

나는 말앙한 느낌보단
푹신한 느낌을
좋아하기 때문에

인형을 그렇게
좋아하지 않다.
그래서 인형을 좋아하지 않는다.

팥빙수

온곡초등학교 5학년 이연서

여름철 마다 먹고
싶은 음식은
팥빙수이다.

팥빙수는
시원한 얼음을
갈아 위에 팥을 놓은 것

팥빙수는 더울 때
먹으면 온 몸이 시원해진다.
생각만 해도

팥빙수 먹고
싶다.

다람쥐

신상계초등학교 2학년 장현우

다람쥐 생쥐 닮았어요.
나무를 잘타고 빠릅니다.
볼수록 귀엽습니다.

다람쥐가 오늘도
나랑 놀아 주어
재미있는 시간을 보냈는데,

어느덧 나랑 놀다 집으로
갔나봅니다.
2025년애도
나를 찾아와 재미있게
놀러 왔으면 좋겠어요.

공룡

신상계초등학교 2학년 장현우

티라노 사우르스는 멋지다.
귀엽다. 용감하다.
좋아한다.

보고 있으면 행복하다.
보고 있으면 기쁘다.
티라노 사우루스를
또 보고 싶다,

티라노 사우루스를
보고 싶어 엄마에게
책을 선물 받았다.
너무 행복했다.

비 오는 날

온곡초등학교 4학년 한원준

비 오는 날에는 비소라도 좋지만
비오는때는 기분이 좋다.
하지만 비오는 날에는 바닥이 축축하고 습하다.
비오는 소리는 예술이다.

하지만 겨울, 여름, 가을, 봄에
내리는 비가 제일 좋다.
겨울이 제일 좋다.
겨울에는 내 생일이 있어서 좋다.

내생일에 장화 선물을 받았다.
장화를 신고 나들이를 나와 함깨 간다.
너무도 재미있는 하루를 보냈다.

비

온곡초등학교 3학년 이준성

비가 주룩 주룩
내리는 어느날

비가 내려도
산은 산이다,
물은 물이다.

틀려도 남을
탓하지 마라.

토끼

온곡초등학교 4학년 한원준

토끼는 귀엽다.
토끼는 키가 작다.
토끼는 신기하다.

토끼 똥은 작다.
토끼는 예쁘다.
토끼는 토끼와 이름이
비슷하게 귀엽다.

토끼는 달리기가 빠르다
토끼는 점프를 잘한다.
토끼는 자기똥을 먹기도 한다

눈

수락중학교 1학년 오동규

눈이 우리집에 앞 마당에 내린다.
모두 녹아 눈사람을
못 만들지 못하고
눈싸움을 못했다.

너무 아쉬웠다.
나는 눈을 좋아하는데
눈이 기다려도 오지 않아
아쉬웠다.

내마음을 알았는지
눈이 내려 내 마음은 풍선처럼
날아갈 듯이 기뻤다.

봄

을지중학교 3학년 정현수

봄 봄 봄
벌써 봄이 왔다.
봄에는 벚꽃이 피고,
웃음꽃도 피고,

기분이 좋은 계절이다.
길을 걷다 보면
내머리 위로 꽃잎이
떨어진다,

새학기가 오는
계절이기도 하다.
새로운 친구들을
사귀는 계절
봄이 참 좋다.

나는 오늘 그대가 그립다

온곡초등학교 6학년 김지유

나는 오늘은
그대가 그립다.
보드러운 그대의 살결

포근한 당신의 눈빛
따뜻한 사랑스러운 말
나는 오늘 그대가 그립다.

매일 바라보아도
오늘도 여전히
그대가 그립다.

귀여운 동규

을지중학교 3학년 정현수

동규, 동규,
학원 동생이다.
중학교 1학년 인데
너무 귀엽다.

게임을 되게 좋아하고,
터닝 메카드를 되게 좋아한다.
항상 볼때마다 날 반겨준다.

그래서 더 좋은 거 같다.
먹는걸 많이 좋아한다.
먹는 모습도 귀엽다.

새우깡

온곡초등학교 1학년 정민기

새우깡은 맛있어
내가 새우를 좋아해서
그런가?

지유언니가 새우깡을 주었다.
너무 맛있게 먹었다
지유 언니가 준 것은
모두 맛있다.

맛있는 새우깡을 먹다보니
내 입속에서
새우가 춤추는 것 같았다.

공부

청원고등학교 1학년 이창민

해야 하는 걸 알아도
하기 싫은 공부
그래도 해야 하는 공부
머리는 알지만 몸은 모른다.

공부해야 되는 것을
알기에 그래서
꾸역꾸역 하는 공부

거북이 보다 아니
어쩜 달팽이 보다
느릴지 몰라도

나는 공부가 늘거라는 믿음
하나만으로 계속해서
앞으로 나아간다.
그래서 난 꾸역 꾸역 공부를
한다. 먼 미래에 성공한 모습을
생각하며 더 열심히 한다.

가방

온곡초등학교 5학년 이연서

가방 안에는
여러 가지가 있다.

필통, 물동,
숙제등이
있디.

가방은 계속
무거워져서
가방메는
것이 싫어진다.

기빙은
나의 친구이자
나의 분신이 되었네

마음

청원고등학교 1학년 이창민

하루 하루 다른 그것
오늘은 분명 다짐했지만
내일은 달라진 그것

분 단위 초단위 로 바뀌는 그것
분명 기뻣지만 갑자기 슬퍼지고
참 선택을 잘 못한다.
나도 잘 모르는 그것
나도 잘 알고 싶다.
마음대로 조종할 수 있으면 좋겠다.
그것은 바로 마음
크면 마음대로 조종할수 있을까?
그랬으면 좋겠다.

색연필

청원초등학교 4학년 강유주

알록달록 무지개 색깔
블링블링 예쁜색깔

어디를 칠할까
참예쁘다.

마법사 같은
색연필은
참 신기하다.

어디를 칠해도
참 예쁘다,

아. 소재 없어!

상계초등학교 6학년 우시혁

아 소재 없다.
아 심심하다.

아 재미있는 소재가 좀 생겨라.
소재가 미밥처럼 좀 생겨라.

소재야 나와라 뚝딱
하면 내 머릿속에서
나와 주면 참 좋겠다.

여름방학

상계초등학교 6학년 우시혁

여름 방학이 한 달 남았다
드디어 공부가 거의 다 끝났다.

이제 신나게 놀 일만 남았다.
나는 이제 기운이 넘쳐나

신나게 놀 수 있어 기분이
너무 좋다.

방학 방학 여름 방학
신나는 물놀이,
생각만 해도 너무 기분이 좋다.

겨울

청원중학교 1학년 이준혁

하늘에서 눈이 펑펑오고 눈싸움을 할 수 있다.

눈은 시원하기도 한데 춥기도 하다.
눈이오면 눈사람을 만들고 썰매도 탄다.

눈은 엄청 미끄럽다. 사고날 위험이 크다.
펑펑 눈이 오는 우리나라.

청원중학생

청원중학교 1학년 이준혁

학교는 엄청 넓고 좋습니다.
급식도 엄청 맛있습니다.

교복도 입고 입학식도 하고
7교시라는게 생겼습니다.

학교에 버스도 있고
많은 교과 선생님분들도 계십니다.

나의 중학교 생활
앞으로 3년동안 즐거운 학교 생활을 해야겠다.

용기의 손

상명중학교 2학년 반서영

친구랑 투닥투닥 싸웠다.
서로를 미워한다.

손을 내밀까 말까
한참을 고민하다가

친구야 미안해
나도 미안해
우리 다신 싸우지 말자!

졸업사진

상명중학교 2학년 반서영

두근두근 두근두근
나 몰래 심장이 뛰어다닌다.

아쉽기도 하지만
친구들,선생님,교실 모두 안녕

안녕은 영원한 헤어짐이 아니라
다시 만나기 위한 약속일뿐

층간소음

온곡초등학교 4학년 신예인

쿵쾅쿵쾅 시끄러운 소리
쿵천둥 번개도 치고, 쾅 커다란 돌도 떨어지고

매일 매일 시끄러운 여러가지 소리가 들린다.
오늘도 쿵쾅쿵쾅 소리가 들린다.

오늘은 띵땡동땅 잘치다 콰과광 갑자기 틀리는
피아노 소리 뿌뿌우 클라리넷 소리

띵가띵가 기타소리

오늘도 시끄러운 우리 아파트
내일도 시끄러울까?

비

온곡초등학교 4학년 신예인

주르르 주르르 창문을 쓰다듬는 비.
봄에도 여름에도 가을에도 겨울에도

비비 고마운비 식물 자라게 해주는 비
주륵 주르르 모든 것을 깨끗하고

시원하게 해주는 비.

하늘에서 천사가 흘린 눈물일까?
아니면 하늘나라 사람들이 눈을 녹여서
비로 떨어졌나?

시험

상곡초등학교 6학년 송주하

덜 덜 덜 덜
달 달 달 달

다리 떠는 소리가
교실 안에 울려 퍼진다.

집중하고 열심히 풀려 해도
검토를 3 번이나 하는대도
결국엔 50점

엄마한테 혼나겠네
오늘은 늦게 들어 가야겠네?

다음에는 꼭 잘봐야겠다.

비타민

상곡초등학교 6학년 송주하

잠 올 때 쏙
지루할 때 쏙

시고 달달한 비타민
나의 피곤함을 깨워준다.

슈퍼에서
편의점에서
마트에서 산

달달한 비타민
또 먹고 싶어요

사랑

상명초등학교 4학년 정진우

자두 모양이 거꾸로 되어 있네
보면 안 되는 장면들이 있네

두 개의 엉덩이가 만났네
와, 저기 커플들이 있네.

알콩 달콩 거리네.
닭살이 돋네.

엄마하고 달려 가는데
엄마가 무서운 말했네

너도 저렇게 될 거락고
멋진 내 모습을 생각하니
내 얼굴에 웃음이 빙그레

겨울

상명초등학교 4학년 정진우

오들 오들 바람이 부네.
뜨거운 게 땡기네.

두꺼운 옷 입네.
슈붕, 팔붕 ,고민하게 만드네.

이불 덮고 침대에 눕네.
난방도 켰네.
추운 겨울에 핫팩은 필수라네

붕어빵

정진우

꿀꺽, 침 넘어가네
눈오는 날에 추운날에
나오면 호호 불어서 먹어야지

슈크림으로 먹을까?
팥으로 먹을까?
정한 것 같아도 또 고민되지

머리부터 먹을까?
꼬리부터 먹을까?
정한것 같아도 또 고민되지

여행

청원초등학교 4학년 강유주

공항으로 떠나 비행기로
아, 너무 떨린다.
나는 휴가에 푹 빠진다.
너무 신난다.

아호,
바다로 갈까?
산으로 갈까?
외국의 바다는
정말 어여쁜 색이다.

산에는 시원한
바람이 분다.
그래서 사람들이
여행을 가나 보다

할머니

온곡초등학교 3학년 장혜원

할머니는 나를
우리 강아지라고
부른다.

우리 아빠도
나를 많이
안아주시는데

할머니는
멘날 만날 때
마다 예쁜 강아지라고
하신다
나는 우리 할머니가
참 좋다

가족 여행

불암중학교 3학년 김수현

오순도순 가족여행
제철마다 가는 곳도 제각각이다.

봄에는 꽃들이 피는 계절이기에
나들이를 간다.

여름에는 더위에 지쳐
바닷가로 여행을 간다.

가을에는 단풍이 무르 익어가는
계절이기에 산으로 나들이를 간다

겨울은 추위에 떠는 계잘이기에
온천으로 여행을 간다.

여름밤

불암중학교 3학년 김수현

시원한 여름밤
마루에 앉아
시원한 수박을
먹으며

시원한 여름밤
공기에 몸을 맡긴다.
날아갈 듯 기분이 너무 좋다.

야름밤
하늘에 별은 더 아름답다
까만 하늘에 별들이 나에게 웃으며
인사를 하면 기분 좋아진다

그래서 나는 여름밤이 좋다.

새학기 학교

월계고등학교 2학년 4반 정해명

나의 새학기는 처음에 긴장이 되었지만
오늘 첫 수업을 보니
괜찮은 느낌이였다.

나는 첫수업전에 다짐을 했다.
어떤 다짐이냐면, 제일 중요한 다짐
바로 잠이다.

내가 제일 잠에 몸이 잠겼다,
선생님에는 예의가 어긋난다.
그래서 나는 잠을 자지 않기로 마음을 먹었다.

오늘 첫 수업때부더 졸리지 않았다.
끝날때까지 안잤다.
공부를 열심히 하는건 중요하지만.
선생님의 말씀을 듣는 것이 좋다.
그리고 수능 중간 기말 점수를 몰랐으면 좋겠다.

눈

수락중학교 1학년 오동규

눈은 왜 녹아버릴까?
눈은 친구들이랑 같이
눈싸움을 재미 있게 쓸 것 같은데

눈은 우리집에 있는 황금보따리
눈은 보석 같다.
그래서 나는 눈이 너무 좋다.

선인장

노원초등학교 4학년 장정호

사막에서 있는 선인장
가시가 있는 선인장

길다란 선인장
동그란 선인장

뽀족뽀족한 전인장
딱딱한 선인장

그중에서 제일 좋아하는
선인장이 있다
예쁜 꽃이 피는
선인장이 제일 좋다

독도

상곡초등학교 4학년 문동현

독도는 유일한 한국땅
지도에서 보면
독도는 한국 땅

일본인이 자기 땅이라고
하면 매국노
독도는 우리땅

외국인이 우리땅이라고 하면
우리 땅이라고 말하세요

가을

상곡초등학교 4학년 문동현

울긋 불긋 단풍
노릇 노릇 낙엽
노랑 은행잎

알록 달록
가을 빨간 단풍잎
참 예쁘다.

늦가을에는 이상하게
가끔 기후현상으로
눈도 가을에 온다

노트

온곡초등학교 5학년 이준민

끄적 끄적 끄적 끄적
이상한 소리가 울려 퍼진다.

노트를 쓰다 보니
벌써 다 떨어졌다.

노트를 사려 다이소에 갔다.
많은 노트가 다양하게 있다

이런 노트 저런 노트
여러 가지를 보고 뭘 살까

고민하다
노트는 내 생각을 적는
큰 컴퓨터랑
같다.

라디오

온곡초등학교 5학년 이준민

부릉 부릉 부르릉
자동차 터널을 재빠르게
들어간다.

터널로 들어서자 차가 이상하다
라디오가 지지직 거린다.

지지직 지지직 거린다.
라디오가 마치 말을
못할 것 같다.

터널을 나오자 다시
정상이 됐다

라디오에서 나오는 노래나
이야기를 들으면 너무
재미난다.

1년을 마무리 하며

온곡초등학교 5학년 이준민

3, 2, 1 2024년이 끝났다
벌써 2025년이다
정말 실감 나지
않지만 허무하다.

더음날 아침 일어나
바로 할머니 집에 간다.

맛난 음식을 먹을
생각에 신이 난다.

언니 예쁘다

온곡초등학교 6학년 김지유

우리언니는 착하고 옷도 사주고 맛있는 것도 사주고
언니는 공부도 잘하고 호두과자도 잘하고
나는 우리언니가 세상에서 좋다.

나는 언니가 세상에서
사랑한다.

언니가 호두과자 맛있게 구워서 호두과자가
맛있다.
나는 우리 언니가 좋다.

횡성과 속초 그리고 고성

월계고등학교 정해명

횡성에 가서 한우고기를 먹었다.
고기를 먹으면, 또, 먹고 싶지만.
더 먹으면 배불러서 그만 먹었다.

왜냐면 속초에서 막국수 먹어야 하니까
속초에 가서 막국수 2개를 맛있게 먹었다.
나는 모두 만족스럽고 행복했다.

숙소위치는 고성에 있다.
숙소를 잡고 소나무 숲과 해안가로 가보니
숲속의 냄새가 좋았고
해안가에서 걷는 것이 재미 있었다.
너무나 행복했다.

파일럿

글, 그림 남형욱

    파일럿은 기장,부기장이 있다. 기장은 비행기에 대장이다.
    기장은 비행기가 위험한 상항에서 도 기장이다해야 한다.
    부기장은 기장을 도와준다. 부기장 다음이 기장이 되면 기장이 되면 기장이 외 비행기에 대해 다지장을 설명을 해주어야 한다.
    나는 이다음에 공군사관학겨로 가서 a+를 받고 빨리 파일럿면접을 보고 부기장에서 열심히 하고 승진을 해서 기장이 돼서 이제 기장이 해야 하는 일은 다햇고 승객들을 빠르고 안전하고 모실 것이다.
    키가 190인 파일럿이 되고 힘이 쎈 파일럿이 되서 승격들을 빠르게 모실 것이다.

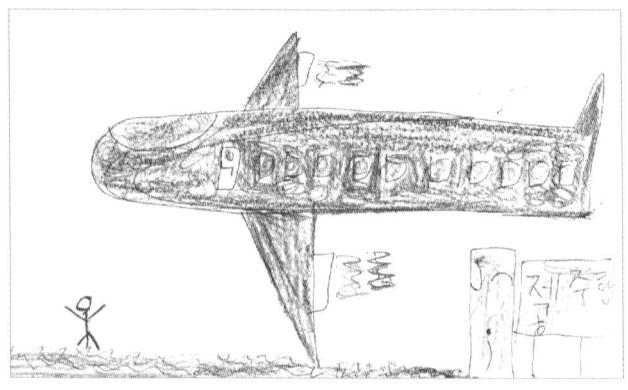

기장

글, 그림 남형욱

    기장은 부기장에서 기장이 되는 것이다.
    부기장은 파일럿 시험을 보고 어디어디 출신인지 나와 있다. 그리고 부기장이 되면 기장을 도와서 열심히 도와준다.
    파일럿은 목숨이 걸린 일이여서 돈을 많이 번다. 경력에 따라 돈을 번다.
    파일럿은 경력에 따라서 1억을 벌 수 도 잇고 큰일이여서 돈을 만히 버는 일이다.
    부기장에서 기장이 되면 비행기에 대장이되 인사도 해야 하고 큰일이아니면 기장이 다 체인을 걸어야 한다. 그래서 기장이 되는 일은 힘들다.

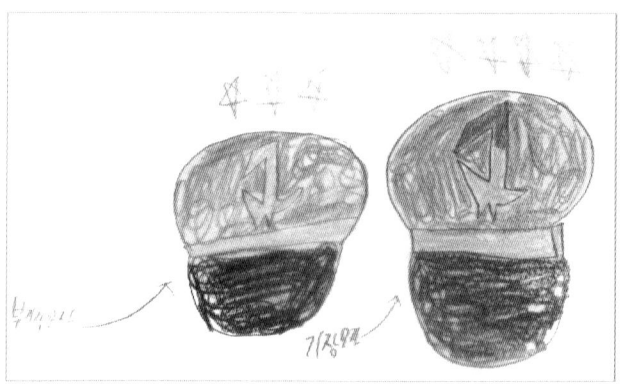

아이스크림

상곡초등학교 최유현

너무나도 맛있는
아이스크림

입에 넣으면 사르르
녹아버리지
하지만 너무 맛있는걸

먹어도 먹어도 또
먹고 싶은 걸

어떤 맛이어도
또또 먹고 싶을걸

필통 친구들

상곡초등학교 최유현

연필로 끄적끄적
지우개로 쓱쓱

볼펜으로 떨꺽사사삭
화이트로 찍찍

샤프로 쓱싹쓱싹
자로 쭉쭉!

종이에 꾹꾹 눌러쓴 글씨
필통 친구들은 오늘도 바쁘답니다.

스위치

상곡초등학교 황윤하

스위치 왼쪽 아니면
오른쪽으로 가 있는

스위치 가운데로
평평하게 있지 않는
공정 하지 않은 스위치

노래

상곡초등학교 황윤하

어느 한 마음에는
시끄럽다 한 아이는
노래를 부른다

사람들은 안듣는다
밤이 되자 오직
노래 소리 밖에 안난다

해님

수암초등학교 이서준

아침이 되면
해님이 제일 일찍 일어나
우리에게 아침 인사를 건넨다.

밤이 되면
해님은 잘자라고 말하며
잠자리에 들어간다.

빨리 아침이 되어
해님의 아침인사를
받고싶다.

눈

수암초등학교 이서준

하늘에서 눈이 송이송이 내려요.
눈이 꼭 바닐라 아이스크림 같아요.

성질도 급한지 벌써 땅에
소복소복 쌓여요.
눈의 맛은 어떨까요?

핥아보면 항상
물 맛만 나요.

에버랜드

온곡초등학교 4학년 박태희

환상의 나라
에버랜드

으스스한 유령의 집
달달한 솜사탕

엄청 무거운 T익스프래스

마지막으로 회전목마!
이렇게 크고 재밌는

에버랜드!

체육시간

온곡초등학교 4학년 박태희

원반 맞추기 축구 피구등
다양한 운동을 할 수 있는 체육시간

슛! 골인! 짜릿짜릿
공을 뻥!차는 축구

훅! 나이스 아웃!
피하고 때리는 피구

아! 이번에는 뭐할까?
기대되네!

나의 희망과
건강이 넘치는 골인

공

상곡초등학교 4학년 임선우

공은 여러가지를 할 때
쓰입니다.

야구를 할 때도 공
농구. 배구. 피구를 할 때
공이 필요 합니다.

이처럼 공은 여러가지를 할 때
쓰입니다.

동그란 우주를 닮아서
내 마음도 편안합니다.

3부
일반부

오늘 나의 하루

의정부 탁인산

오늘 아침에 양념 닭 먹었다.
수정과 먹었다.
참 맛있다.

점심은 오이 소박이
소무국을 먹었다.
무를 너무 많이 먹었다.

설거지를 깨끗이 했다.
또 먹고 싶었다
커피 한잔을 먹었다.

사랑꽃

성북구 최미경

수많은 꽃을 좋아하는 아이
마음은 꽃처럼 소녀같은 아이
그 아이 이름은 사랑꽃이라고 말하고 싶네

마음에 아이들을 사랑하는 마음으로
사랑꽃 인냥 웃음과 사랑으로 평생을 아이들을 지도하다. 인생을 다하는 날 다시 태어나면 누구보다도 예쁜 사랑꽃으로 태어나고 싶네

평생, 가족, 부모님, 지인, 예쁜 웃음을 지닌 아이들만 지도하다 지는 내 인생을
사랑꽃 이라고 이름을 짓고 싶네

나비

성북구 최미경

예쁜 나비 한 마리
넌 어디에서 날아왔니?

누구에게 행운을 주기 위해
멀고도 먼 이곳까지 날아왔니?
슬픔, 서러움을 모두 잊게하는
넌 행운을 주는 나비이구나?

너를 보고, 너를 만나면서
올 행운과 행복의 나날을
보낼 것을 생각하니
지금부터 마음이 벅차오르고
더 열심히 하루를 감사하면서
살아야 함도 고맙다 나비야

비눗방울 놀이

강북구 최미경

우와,
비눗빙울 잡자.
무지개 색의 비눗방울이
하늘 높이 높이 날아가고 있네.

동그라미를 그리며 잡는
비눗방을
나의 행복, 나의 스트레스를
동그란 비눗방울을 잡으며

행복의 웃음으로 바꾸네.
사랑을 먹는 아이들의 웃음,
나의 웃음이 너무 예뻐서

비눗 방울 놀이는
누구에게나 행복과
웃음을 가득해 지는
즐겁고 재미 있는 놀이

밤하늘의 위로

상계동 이원진

황혼 빛 물든 들판 위에
바람은 노래 하듯 춤추며
지친 하루 발걸음 놓으면
별빛은 조용히 마음을 품네

떨리는 풀잎 속삭임 따라
흘러간 시간 향기로 살아
붉게 탄 하늘 어둠이 스며
희망은 내일로 길을 연다.

밤 하늘 은하 길 위를 이어
앓은 마음 다시 불꽃을 키워
사라진 날은 노래가 되어
새벽은 환히 웃으며 오네

내 삶의 이정표

권택환

 삶의 이정표를 세운지는 얼마되지 않았다.
 이정표가 없는 길의 끝은 언제나 벼랑이라는 사실을, 아슬아슬 그 길 끝에서야 깨닫고 먼 길을 되돌아 오고는 했다.

 삶에는 참 가지가지 뻗은 수많은 길이 있다는 것을 알았다.
 길이 끝나는가 싶으면 언제나 또다른 길이 있다는 것을.
 내 앞에는 지금의 갈림길이 놓여져 있다는 사실을.

 자! 그럼 눈으로 보는 세상에서 마음으로 보는 세상은 어떤지 힘차게 달려 가 보자.
 25년 전에는 나에겐 눈물 뿐이었다.
 '내가 왜? 앞이 안 보이는 시각장애인이 된단 말인가'
 '아! 이젠 다 끝났다.'
 어떻게 살아야하나.

 나이 오십에 청천벽력과도 같은 일이 벌어졌다.
 점점 앞이 뿌옇게 보이기 시작했다.
 아내의 손을 잡고, 입술을 깨물고, 눈물을 흘리며, 이

병원, 저 병원 다니며 애원했지만 헛수고. 완전실명이라는 캄캄한 어둠이 내 앞에 찾아왔다.

   절망과, 한탄과, 온갖 후회와 누군가에 대한 원망이 뒤섞인 속에서 머리를 벽에 박고, 방바닥을 치며 분노해 보았지만, 어둠은 더욱 짙어 질 뿐이었다.

   그런데 반평생 그렇게 눈을 뜨고도 정작 보지 못했던 소중한 것들이 눈을 감고서야 그 짙은 어둠 속에서 서서히 뒤늦게 보이기 시작한 것은 무슨 까닭이었을까.
   아내와 부둥켜 안고 참 많이도 울었다.눈물인지 빗물인지 알 수 없듯이.

   이 못난 사람 만나 긴 세월 고생을 시켰는데
   '여보! 내가 당신의 눈과손,발이 되어 줄께요.'하면서 용기를 주었다.

   존재만 있을 뿐, 보고 배울 것이 없는 애비도 애비라고, 그럼에도 아무 문제도 일으키지 않고 바르게 자라 큰딸은 시청 공무원이 되었고, 작은 딸은 고등학교 교사가 되었다 두 딸에 대한 애비로서의 부끄러움과 미안함도 어둠 속에서야 찾은 등불이었다.

   '모든 것이 끝났구나'하고 절망의 늪에서 헤메일 때 아내는 가까운 시각장애인 복지관을 물어물어 찾아가 상담을하고 나를 유치원생처럼 "당신이 좋아하는 등산도 할 수 있고, 노래도 배우고, 여러가지 악기 연주도 가르쳐 준되.당신도 할 수 있어" 하고 시각장애인 복지관으로 나를 데리고 갔다.

  2001년 3월부터 재활교육을 받기 시작했다. 점자, 컴퓨터, 보행교육을 받는데 두렵고 겁이났다. '아무 것도 보이지 않는데 어떻게 할까?' 막막했다.
  아내는 나를 복지관 선생님에게 맡기며 "아무 것도 안 보여요 선생님 잘 부탁해요"하며 울음섞인 말을하며 신신 당부를 했다. 엄마가 유치원생 아들을 맡기 듯.
  복지관 선생님들은 "걱정하지마세요 저희들이 안전하게 지도 할게요" 했다.
  복지관 선생님은 "권택환님! 부정적인 생각보다는 긍정적으로 생각해 보세요." 조금씩 부정에서 긍정적으로 생각하자고 애를 썼다. 아내의 도움으로 긍정에 관한 책도 읽고, 강의도 듣고, 그리고 복지관 동료들에게서 느꼈다. 눈도 안 보이는데 이틀에 한번씩 병원에 혈액투석하러가는 사람,눈도 안보이고 걷지도 못하여 휠체어 타고 다니는 사람들도 어려운 가운데도 부정이 아닌 긍정으로 당당하게 꿈과 소망을 가지고 즐겁게 열심히 생활하는 모습을 보고 난 희망과 용기를 얻었다.

  어느 날, 산책길에서 바람에 흔들리는 나뭇잎 소리를 들으며 문득 나태주 시인의 '풀꽃 3'이 떠올랐다. '기죽지 마라, 꽃 피워 봐! 참 좋아.' 마치 나에게 끊임없이 용기를 주는 주문 같았다. 작은 풀꽃도 꿋꿋하게 꽃을 피우는데, 나라고 못할 것이 무엇이 있겠냐는 생각이 들었다.

캄캄한 어둠 속에서 헤매던 나에게 한 줄기 빛과 같은 위로가 되었다. '나도 할 수 있다!'라는 자신감을 되찾고, 다시 세상을 향해 나아갈 용기를 얻었다. "장애인이라고 부끄러워하거나 창피하다고 생각 말자! 소리 질러봐! 당당하게 신나게 멋지게 살아봐! 함박 웃으며 노래하며 살아봐! 나는 오늘도 즐겁고 행복해!"

그래! 나도 한번 해 보자시인 정호승의 산문집에 나에게 용기를 준 한마디에서 '엎질러진 물 때문에 울 필요는 없다, 두 주먹을 쥐고 분노하기 보다는 두 손을 모으고 기도하는 것이 났다, 달팽이도 마음만 먹으면 태평양을 건널 수 있다는데 그래 할 수 있어 다시 해 보자고 굳게 마음 먹고 힘차게 도전했다.

길이 끊어졌다 생각해 뒤돌아보면 멀지 않은 곳에 또 다른 길이 있고는 하였 듯이,

시각장애인이 된 나에게는 이제 새롭고 확실한 이정표가 보였고

나는 이제 그 길로 굳건히 걷기만 하면 될 것이었다.

그래, 공수 특전사에서 그 어려운낙화산훈련, 천리행군, 수 많은 특수훈련도 다 이겨냈는데 내가 겁날 게 무언가. 다시 시작하지 못할 게 무언가. 흰 지팡이 짚고 세상에 나와 당당히 걷지 못할 이유가 무엇인가.

기억한다. 시각장애인으로서의 새로운 삶의 첫 이정표.

우리나라 산림청이 선정한 100대 명산 완등의 목표를 설정 했다.

처음 아내의 가방끈을 잡고 산을 오르던 날의 그 두려움과 다른 한편의 타오르는 의지. 한 발자국 한 발자국 내디딜 때마다 발바닥에서 느껴지던 그 땅의 굴곡, 발끝에 채이던 돌의 둔탁함, 새들의 지저귐, 나무들이 뿜어내는 상쾌한 공기······. 산의 온전한 기운이 고스란히 몸에 전달되는 느낌이 가슴 벅찼지.

두려움을 이겨 내고 산 정상에 올랐을 때는 감격의 눈물도 흘리지 않을 수 없었다.

그렇게 2008년9월 경기 파주에 있는 감악산부터 시작한 우리나라 100대 명산 완등 도전이 꾸준한 노력으로 마침내 2019년 7월 6일 전남 장흥에 위치한 천관산에서 대단원의 꽃을 피웠다.

연대봉 정상에서 친구들이 준비한 '시각장애인 권택환 100대명산 완등'이라는 현수막을 펴 들고 만세를 부를때 수 많은 등산객들으 박수와 함성에 눈물이 핑 돌았다 산을 오르고 오를 때 마다 그 감격의 순간들을 함께 해 준 아내와 친구들과 나의 가족들.

그들 내 든든한 지원군이 없었던들 내가 이루어낼 수 있었을까.

아내가 밝혀주는 등불 덕분에 다시 찾은 새로운 이정

표를 확인하면서 희망의 미소를 지으며 힘차게 걷고또, 걷는다.

이웃으로 향하는 이정표가 마음을 설레게 했다. 이제는 받은 기쁨을 나누며 살아야겠다는 생각이 미쳤다. 내가 찾아가는 봉사도 있다. 바로 음악이다. 음악만큼 사람의 마음을 즉각적으로 즐겁게 하는 치료제가 또 있을까. 2017년부터는 지역사회 요양원, 어르신 복지관, 장애인 시설을 찾아다니며 음악 봉사활동을 하고 있다. 하모니카, 색소폰 연주, 가요, 통기타 연주 등을 하는 단원들이 모인 우리' 소리향기' 봉사단은벌써 250회나 넘게 이곳저곳을 찾아 나눔의 시간을 가졌다.

요양원이나, 복지관 어르신들이 옛 노래를 부르면 박수를 치시면서 신나게 함께 따라 부르신다. 가는 곳마다 어르신들이 즐거워하실 때면, 찾아간 우리들이 더 행복했다. '천등산 박달재를 울고넘는 우리님아' 어르신들의 소리가 점점 더 신나게 크진다

'찔레꽃 붉게 피는 남쪽나라 내 고향' 어르신들이 박수를 치시며 춤을 덩실덩실 추시며 노래를 따라 부르신다 어르신들이" 앞도 안보이는 사람들이 우리를 즐겁게 해 주니 고마워요 자주 와서 우리를 즐겁게 해 주소"하신다

코로나 시대 또다른 삶의 이정표를 세우며또 다시 달려가야했다. 2020년 초에 불어 닥친 코로나 19 사태로 너나없이 옴짝달싹 못하게 되었다. 그전처럼 자유롭게

친구도, 친척도, 심지어 자녀들이나 손주들도 자주 못 만나게 되고, 복지관도 못 이용하게 되면서 충격이 컸다. 일상에 대혼란이 온 것이다. 무엇을 어찌해야 좋을지 삶의 이정표를 다시 세워야 했다.

시각장애인 나만의 운동법을 개발했다.
'전혀 보이지 않는 시각장애인' 나 혼자도 잘 해요.'
불암산 밑에 나무와 나무 사이에 긴 끈을 매어놓고 줄을 잡고 걷고 뛰는 것이다.
정안인들은 나의 이런 행동을 보고 의아해 하며 한참 동안 서서 보고 고개를 갸우뚱한다.
'왜? 저렇게 하지 이상하다.'
어린애가 나를 보고 "할아버지 무엇하는 거예요?" 그러면 나는" 애야 할아버지 아니고 아저씨라고 하면 안 되니?"
옆에서 지켜 보던 애기 엄마가 "아저씨 운동하는 거야"한다.
새벽공기 마시며 새들의 응원가에 맞추어 춤을 추듯 줄을 밀면서 즐겁게 운동한다.
줄넘기, 맨손체조, 팔굽혀펴기까지 두 시간여를 열심히 운동하고 집으로 돌아올 때는 아파트 260계단을 걸어서 올라온다. 땀이 확 난다. 하지만 기분좋은 열기다. 시원하게 샤워를 하면서 콧노래까지 흥얼거린다. 그러면 그야말로 유쾌! 상쾌! 통쾌! 이것이야말로 코로나 시대의 소확행이다.

그리고 내 평생 후회하는 한 가지가 있었다. 늘 마음 속에 아쉬움으로 남았던 것, 바로 독서다. 마이크로소프트 창업자 빌 게이츠는 '어릴 때 살던 고향 마을의 작은 책방이 나를 만들었다.'고 했다는데, 나는 어린 시절 집안에 책도 귀했거니와 학교에 가서도 스스로 책을 찾지는 않았다. '책이 사람을 만든다'는 그 말은 내가 살아오면서 삶으로서 체감하고 있는 바다.

어떤 일에 직면했을 때 그것을 지혜롭게 풀어나가는 해법은 그 사람의 내면의 힘이 크게 작용한다. 그 내면의 힘은 독서를 통해 길러지고 강화될 수 있다고 점차 생각하게 되었다.

책을 읽다가 보니 나도 글이 쓰고 싶어졌다. 그러더니 나는 내 이름으로 된 시집 한 권, 수필집 한 권을 출간하겠다는 욕심이 생기기 시작했다.

2020년서부터 본격적으로 시와 수필을 쓰고 있다.

매주 시각장애인 관련단체와 정안인들 글 쓰기 공부에도 참여하고 있다.

늙은 나무가 부지런히 자양분을 뽑아 올리더니 한 송이 작은 꽃이 피었다.

21년7월에 우정사업 본부에서 {나에게 쓰는 편지} 실시한 문학공모전에 참가하여 금상을 받고 기쁨에 눈물을 흘렸다. 나는 새로운 삶을 얻은 듯 가슴이 벅찼다.'한 일자를 10년 쓰면 붓끝에서 강물이 흐른다.'라는 말과 같이 오래 오래 독서를 하고 또 글을 쓸 것이다. 지금도 늦지 않았다. 끊임없이 배우고 도전 할 것이다.

 글로써 이렇게 내 삶을 이야기하고, 그 이야기가 누군가에게는 또 새로운 꿈을 꾸게 하는 작은 불씨가 되기를 바라는 마음으로 부지런히 쓰고 있다. 내가 세운 이정표를 수시로 확인하며, 새로운 희망을 향해 끊임없이 걷고 또, 걸어 갈 것이다.

청국장

권택환

함박눈에 싸여 오셨나
토당 타당 어머니의 도마질 소리
청국장이 끓는다
반가워 얼른 일어났지만
청국장 한 숟가락도
따스한 어머니 손길도 잡지 못한
빈손이 허공에 시린데

문틈으로 스며드는
갸늘인 부엉이 울음소리가
베갯닢에 젖어 든다.

눈雪

권택환

언제 다녀 갔을까
뽀오얀 숫눈길

간밤에
창문 한번 흔들어 주지 않고
몰래 다녀 간 당신

산 허리 휘감아 도는
메아리 소리 따라 가는가

하얗게 수놓인 산길로
바람에 실려
떠나 간
저 희고
마알간 사랑.

엄마의 여울

권택환

중랑천을 등진
노원역 뒤편 골목 어디쯤
엄마의 여울이 있다

우동발 같은 약도 메모지 들고 찾아 간
미물도 명물로 만든다는 그 만물상
붕어들 몇 마리 사 왔지

주물틀에 파릇한 중불로 찍어 낸 수백, 수천 마리 붕어
구수한 여울을 타고 파닥파닥
헤엄쳐 왔을 붕어떼 착착착 일렬로 서 있는 것
구경하려고 소문 듣고 찾아 온 사람들
그 앞에 착착착 일렬로 서면
한 손에 하나씩 바삭바삭 붕어를 쥐고
하얀 연기 피우며 떠나는 사람들

영하의 리어카 앞에
엄마의 여울이거침없이 흐른다.

새싹

권택환

밤마다 이슬로 촉촉이 목축인 얇은 입술
햇빛 한 모금씩 먹고
응차! 응차!

소리없는 파릇한 기압 소리에

철, 철, 철

권택환

철은 용광로에서 다시 태어나고
철은 대장관에서 완성된다.

철은 왜 무너지고
비명 소리는 왜 통곡하는가

철은 한없이 지나가고
한없이 다시 온다.

철이 되어야 꽃을 피우고
열매를 맺는다

철이 들었구나 어리석은 자들이여
철은 내 가슴으로 들어 와
혈관으로 파고들어 산이 되고 바다처럼 넓어져.
내 가슴 속에 풍성한 열매를 맺는다

하나의 철은 도로를 질주 하고
하나의 철은 눈이 오고 꽃이 핀다
또 하나의 철은 마음의 양식을 많이 먹어 산처럼 높고, 바다처럼 넓다.

응원가인양, 새들의 노래 소리가
동글 동글 모여 들고

저 봐, 저 것 좀봐!
여린 입술로
세상을 밀어 내는 저 연둣빛의 힘을 시간은 우리 밖에서 흐르다가 그냥 사라져 버리는 강물이 아닌 것이다
마치 향기로운 과일을 먹듯이 우리는 시간을, 나이를 먹는 것이다
그러면 시간은 살과 피 속으로 들어가 마음이 되기도 하고
머리 속으로 파고들어 영원한 기억으로 남기도 한다.

이 시간을 느끼는 마음이 없으면
그동안 무엇을 먹고 자랐나

우리들은 두 개의 몸무게를 갖고 살아간다
저울로 달 수 있는 무게와
마음으로 닿는 시간의 무게이다
마음이 풍부하고 인격이 있는 사람을 보고 무게가 있는 사람이라고 말한다

철, 철, 철, 부족하지 않게
넘치지도 않게
가슴 속에 깊숙히 파고 들어라

아름다워라

권택환

꽃은 햇빛에 웃어야 아름답고
이파리는 춤추어야 아름다우며

열매는 무거워야 사랑 받는다

그것들을 사랑의 눈으로 보면
비로소 그 아름다움이 빛을 발한다.

내 가슴 속에도 아름다움 가득 담고싶다.

우리집 거울은

성북구 조우순

아침에 화장을 하면
거울속에서는 예쁘다 예뻐

저녁에 손씻으로 화장실에 들어가면
거울속에서 예쁘네 예뻐요.

남편 눈속에도 예쁘다고 하고
아들 눈속에서도
예쁘다고 하는데,

집나간 거울속에는
평범한 모습이고.
스쳐지나가는
쇼윈도 속에서도
초라한 모습.

우리집 거울은 마술거울
묻지도 않았는데
네가 제일 예쁘다고 하네.

유일한 친구

도봉구 유지영

30대 나의 이야기로
오늘은
동생아 불러보았지만 잔잔한 호수만 간직 한 채
세상은 살기가 싫어진다.

백대명산 능선을 따라 가봤지만
구름과 햇빛안이 그림자로 남는다.

목숨보다 소중했던
개인의 아픔과 슬픔을 우울증을
극복한 만큼 희망으로 다가온 유일한 친구

학문에 몸담고 풀꽃과 함께
가족의 화석이 되어 세월에 댓하지 않고
오늘 또 꿋꿋하게 살아간다.

아픈별 지구

노원구 신희자

 문명의 혜택으로 시원한 냉방실내 사계절 쾌적빌딩 일회용 헤픈습관 무개념 에너지사용 지구몸살 커지오

 인류의 무한욕심 지구의 응징시작 물폭탄 우박내림 해꼬지 당하노니 오염원 줄이는 생활 탄소중립 만드세요

결혼

노원구 신희자

남자와 여자가 만나
설레임 두근두근

달이 가고
해가 가고
그리움에 잠 못들어

두 몸과 맘
하나되는
오늘 이 시간

두갈래 강이
합쳐져
바다로 나아가듯

아들 딸 낳아서
둥글둥글 큰물 되어
명가를 이루길

神이시여
축복하소서
이 아름다운 婚姻을..

기다림 끝에 너

노원구 김경자

많은 계절이 지나고
수많은 별이 졌지만
내 마음은 늘
너를 향해 열려 있었어

기다림은
때로는 외로움이었고
때로는 희망이었지만
그 모든 순간이
너를 위한 것이었기에
나는 버틸 수 있었어

그리고 오늘
너의 눈동자가
나를 바라볼 때
그 모든 기다림이
빛으로 피어났어

사랑은
언제나 제때 오지 않지만
제일 필요한 순간에
가장 깊은 마음으로
도착하더라

처음의 마음으로

노원구 김경자

어제의 그림자를
살며시 접어 넣고
오늘의 문을 연다
낯선 빛이 나를 부른다

조금은 떨리는 발걸음
조금은 낯선 공기
하지만 가슴 속 어딘가
작은 불씨가 깨어난다

무언가 시작된다는 건
끝이 있다는 뜻이 아니라
다시 살아간다는 뜻이니까
나는 오늘을 믿어보기로 한다

실패도, 후회도
모두 품고 걸어가면
그것마저 나를
더 단단하게 만들 테니까

처음의 마음으로
다시, 또다시
나는 나를 시작한다

값진 노후

노원구 김기준

세월이 고요히
내 등을 두드릴 때,
나는 비로소
나를 바라봅니다.
바쁘게 지나온 날들 사이로
작은 웃음,
그리고 눈물이
조용히 피어 있었습니다.
이제는
느리게 걷는 길이 좋습니다.
바람의 속삭임도,
나무의 숨결도
귀 기울이면
모두 친구가 됩니다.

시간은
더 이상 적이 아닙니다.

손에 쥔 것은 많지 않지만
가슴에 담은 사랑은
넘쳐 흐르고,
남긴 흔적보다
나눈 마음이
더 오래 기억된다는 걸
알게 됩니다.

하루가
선물처럼 다가오고,
저녁노을은
삶의 축복이 됩니다.
값진 노후란, 결국
내가
나답게 살아가는 시간입니다.

밥솥

영등포구 조혜숙

밥이 몽실몽실 웃는다
솥 안에 엉겼다
식탁에서 맛나게 놀길 기대하며

할머니는
보약이니 달게 먹어라
멸치반찬 아들에게 밀어놓고
아버지는
초딩아들 밥 옆에 눈치보며
살포시 밀며

밥그릇 비워야 게임 선물
할아버지 쯧쯧 혀 차시며
그놈의 게임 으이고

찡그린 듯한 손녀
달달하게 아양띤 콧소리로
새 신발 졸라댄다

할머니 쌈진 돈이
사랑해요 하며 웃는
보조개 한 번 보고 싶어
아껴논 돈
사랑약으로 나간다

봄이야

영등포구 조혜숙

샘물을
퍼올리면 사랑이 솟는다

하늘을 우러러 보면
그리운 얼굴이 가득하다

보드라운 봄잔디 밟으면
같이 걷던 이쁜 사연이
소록소록

봄향기 속에는 귀한
목소리가 노래한다

아기 미소같은 이 봄잔치에
누구나 오세요

자운이를 생각하며

성북구 천덕수

　오늘은 군에간 아들 자운이가
　생각이 나는 아침이다

　벌써 군에 보낸지 한달이 넘은듯 하구나

　아침에 눈이 내린다 우리 자운이가 군에서 눈을 쓸고 있겠구나
　하니 자운이가 생각이 났다

　자운이가 바라보는 눈은 어떤 눈일까

　1년뒤에 씩씩한 모습의 자운이가 제대한 모습을 생각하니 저절로 웃음이 난다
　사랑한다
　우리 막내아들 자운아

눈과 동심

성북구 천덕수

눈이 내립니다
어릴적에 내리는눈은 마냥 하얗고
친구들과 놀던 놀이기구였는데

지금 내리는눈은 내마음을 아프고 슬픔으로 변해 가는 이유는 왜 그럴까

인생도 눈이 그치면 다른 인생으로 바뀌였으면

마냥 하얗고 옛친구들과 함께 놀던 눈싸움 또 눈사람 만들기 등등 행복했던 어릴적 순수하던 동심의 눈으로 내리는눈을 바라보면 절로 입가에 웃음이 나온다

잠들 시간

대전광역시 서구 차명관

조용히 뒤 돌아 앉아,

T.V 를 끈다.
핸드폰 을 끈다.
컴프터 를 끈다.
원고지 를 덮는다.

오늘 나의 하루가 잠든다.

바라만 봐도 좋은 그대

대전광역시 서구 차명관

사랑하는 사람과 사랑을 나누지 못하는 서글픈 짝사랑!
불행일까?
다행일까?

그러나
난. 그렇이 않다.
함께하는 사랑만이 축복받는사랑!
행복한 사랑은 아닐것이다.
대행이다.
왜?
사랑한다고 말 했으니!
표현을 한 내 마음이!
그대요, 사랑이다.

그대의 행복한 모습을
바라보는 것 만이라도!
내 미음도 더불어 기쁘고
행복하니까요.

그 사람이 날 알아 주지 않아도
괜찮아요.

난, 그 에게
아무것도 바라는것이 없다.
오직 그 사람의 행복만을
빌 뿐이다.

바라만 봐도 좋은
그대가 있어.
내 삶은 사랑으로 가득찬
아름다운 날 들 이니까요.

내일도. 또 내일도....